LETTRE

A MESSIEURS

LES JOURNALISTES.

LETTRE

A MESSIEURS

LES JOURNALISTES.

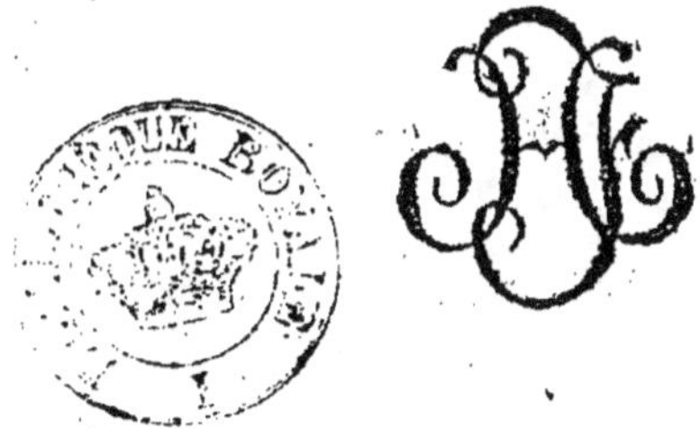

PARIS,

Chez { BARBA, Libraire, au Palais-Royal, derrière
le Théâtre Français ;
MARTINET, Libraire, rue du Coq-St.-Honoré.

De l'Imprimerie de HOCQUET, rue du Faubourg Montmartre, n°. 4.

1813.

LETTRE

A MESSIEURS

LES JOURNALISTES.

MESSIEURS,

Vous lire est un besoin et même quelque-fois un plaisir; c'est un besoin pour les oisifs dont l'unique occupation est d'enfanter, commenter, revoir, retoucher et corriger les conjectures, les rêves et les chimères dont la politique *enrichit* leur imagina-tion; c'est un plaisir pour les gens d'affaires qui, pour se délasser, aiment à jeter un coup-d'œil rapide sur les nouvelles du jour et sur vos dissertations littéraires; vous êtes enfin utiles à la société, et c'est avec une vive émotion que l'on entend le son de votre trompette proclamer et répandre au loin les détails glorieux de nos Héros, et les heureux succès de nos Littérateurs ; mais puisqu'en ce moment on travaille à pacifier le continent et peut-être à quelque chose de plus, ne vous serait-il pas possible de vivre en paix parmi vous, et de laisser le monde en paix? car entre nous, Messieurs, que signifie cette guerre insensée que vous déclarez tour-à-tour aux théâtres de la capitale et à leurs acteurs? quel est l'étrange acharnement qui vous porte à rompre tous les jours, en vrais *Dom Quichottes*, quelques lances contre des moulins à vents, qui n'opposent à vos grotesques bravades que le mouvement continuel d'une rotation uniforme et invariable? à quel titre vous mêlez-vous de l'intérieur du ménage des acteurs? quelle est la loi qui vous donne le pouvoir de sonder et d'exposer en public les détails de leur conduite particulière? Si quelques-uns d'entr'eux possèdent des châteaux ou de jolies maisons de campagne, de quel droit cherchez-vous à troubler leur paisible jouissance, en signalant ces propriétés comme un luxe qui semblerait ne pas convenir à des artistes ? les ont-ils acquises par des spéculations funestes au Trésor public et au crédit de l'État ? ces biens leur viennent-ils de la dépouille de l'orphelin ou de l'indigent ? ne sont-ils pas le fruit de leurs économies et la récompense ou plutôt le dédommagement de tous les dégoûts dont on ne cesse aujourd'hui de les abreuver? Que Monsieur, que Mademoiselle aillent thésauriser en province, pourquoi sonnez-vous le tocsin, s'ils y sont autorisés ? qu'ils procurent ou non de bonnes recettes aux directeurs des départemens, sont-ce là vos affaires, et avez-vous besoin de salir vos feuilletons à ce sujet, par des détails aussi fastidieux qu'ils sont dégoûtants pour le lecteur sensé ? que veulent dire ces lettres et contre-lettres sur telle actrice ou tel acteur? quel est votre but en les publiant? d'en protéger un aux dépens de l'autre ? mais est-ce là la conduite impartiale d'un journaliste qui doit toujours tenir un juste milieu, et calmer, autant que possible, l'exaltation de chaque parti? est-ce l'envie de faire et de montrer de l'esprit ? eh ! mon Dieu, Messieurs, on sait et on répète tous

les jours que vous en avez , et même beaucoup, pour ne pas dire beaucoup trop ; car
on déplore avec raison l'abus que vous en
faites ; à quelles niaiseries, à quelles pué-
rilités ne vous entraîne pas ce désir immo-
déré de vouloir toujours faire de l'esprit !
c'est une épidémie qui gagne même les
journaux des départemens ; il n'y a pas
de platitude que ces écrivassiers dont la plû-
part ne savent pas le français , ne se per-
mettent sur les acteurs , et même contre les
acteurs à talent , car on en voit aussi en
province ; ces journalistes , si on peut les
appeler ainsi , n'ont pas de feuilleton , mais
ils s'en dédommagent dans une longue ru-
brique intitulée : *Spectacle.*

C'est alors qu'ils s'efforcent de suivre les
traces du *grand Professeur,* dont cepen-
dant ils ne copient que les ridicules ; et
montant leur paragraphe sur le ton de la
satire la plus fade, ils sapent à tort et à tra-
vers et la pièce et les acteurs. La belle na-
ture ne leur procure que de l'ennui; tout ce
qui n'est pas outré , est taxé de froideur, et
l'acteur qui, sur la scène, n'étend pas ses
gestes jusqu'aux frises, qui ne marche point

sur le théâtre à pas de géant, qui ne fait pas de contorsions, et ne donne aucune marque d'hidrophobie, est jugé détestable; en un mot, tout ce qui n'annonce pas les convulsions du mélodrame ou la plus basse trivialité des trétaux, est en général impitoyablement déchiré. Voilà l'école qui forme au spectacle le goût des jeunes gens de province!!! Mais comme il n'y a point de remède, je reviens à vous, Messieurs, et je vous demande si les acteurs ne sont pas des citoyens, s'ils ne sont pas soumis à des réglemens, si la police ne veille pas sur eux comme sur toutes les autres classes de la société? Si cela est vrai, quelle est l'autorité qui vous a nommés les juges de leurs différends et de leurs discussions? Pourquoi vous mêler de ce qui se passe dans les coulisses, tandis que vous ne devez parler que de ce qui se passe sur la scène. Les comédiens sont-ils à vos gages? Je ne le crois pas. Vous jouissez presque tous de la franchise des entrées. Pourquoi prétendez - vous usurper l'autorité des supérieurs préposés par le Gouvernement, pour juger toutes les contestations qui s'élèvent parmi les acteurs, et

même celles qui sont relatives à la hiérar-
chie des théâtres? Croyez - vous pouvoir
jouir d'un privilége que le public n'a jamais
eu? Revenez donc à votre institution primi-
tive, et souvenez-vous que si l'acteur doit,
comme tout autre citoyen, compte de sa
conduite privée à la société, il ne doit
compte au public que de son talent. Vous
vous dites les organes de l'opinion publique
à leur égard et à celui des gens de lettres ;
mais prenez bien garde que l'opinion d'un
journaliste n'est qu'une opinion particulière,
et que ce qu'il donne communément comme
un dogme général, n'est autre chose que sa
seule façon de penser : voilà la source des
récriminations qui retentissent tous les jours
contre les jugemens des journalistes. Jamais
la masse éclairée du public n'a pris un écri-
vain périodique, quel qu'il fût, pour maître
et pour guide de ses opinions, ni sur l'art
dramatique, ni sur un ouvrage quelconque
de littérature. Chacun juge d'après ses sen-
sations, et aucun de vous n'enchaînera, à
cet égard, ni le sentiment individuel, ni le
sentiment général. Mettez-vous à côté de la
première personne qui lit l'article littéraire

ou dramatique de votre journal ; si votre opinion est conforme à la sienne, il l'approuve ; s'il la trouve différente, son premier mouvement, après avoir lu, est de s'écrier : *il n'a pas le sens commun*, et c'est ce qu'on entend tous les jours.

Quand vous parlez du spectacle, rendez compte, si vous voulez, du répertoire qu'on y joue ; rendez compte des pièces nouvelles ; énoncez votre opinion sur la facture de ces ouvrages, non en législateurs, ni d'un ton pédant et doctoral, mais en observateurs éclairés qui en soumettent les beautés et les défauts au jugement du public, qui seul doit en décider en dernier ressort. N'oubliez jamais que ce même public a aussi incontestablement le droit de vous juger, que celui de juger les acteurs. Mêlez à votre critique toute la douceur et tous les égards que l'on doit aux gens de lettres ; il n'est pas de votre intérêt d'insulter un corps dont vous faites partie. Surtout gardez-vous de croire que ce soit dans vos bureaux qu'on doive aller chercher le brevet de l'immortalité. De bonne foi peut-on recevoir l'immortalité d'une feuille volante qui n'a que l'existence de la fumée.

et qui rentre dans le néant dès qu'on l'a par-
courue ! Autant en emporte le vent. Quand
vous blâmez, que ce soit toujours avec re-
gret, et n'obéissez qu'à la contrainte que
vous imposent les règles de l'art. Lorsque
vous versez la louange, qu'elle soit pure et
dégagée de toutes ces réticences qui cou-
vrent d'épines la fleur que vous offrez. Vou-
lez-vous parler de la manière dont un acteur
a joué son rôle, persuadez-vous que votre
opinion ne suffit pas; respectez toujours
celle du public, qui, le plus souvent, ne
partage pas la vôtre. Si vous frappez, que ce
soit avec ménagement : mais n'accablez pas.
Corrigez avec aménité, mais n'aigrissez pas.
Que le grain de la critique soit toujours
couvert d'une enveloppe sucrée, et le ma-
lade n'éprouvant alors ni nausées ni convulsions, sentira le prix et la bienfaisance
du remède, et ne craindra pas d'en faire
usage.

Cette méthode est quelquefois suivie dans
le Journal de Paris et dans la Gazette de
France, même par quelques collaborateurs
du Journal de l'Empire. Mais que ne pou-
vons-nous rendre la même justice au feuil-

leton dramatique de ce dernier Journal !
Pourquoi donc son style est-il monté sur
un autre ton que celui des autres ? il a
cru s'arroger le sceptre de la censure, et
il n'agite que les torches des furies. Les
lettres et les arts y sont traînés dans la
boue; la partialité la plus dévorante et la
méchanceté la plus affamée sont les seuls
assaisonnemens de sa critique machiavéli-
que. Les ouvrages d'éclat y sont mis en
lambeaux, les talens y sont avilis et livrés
à la satire la plus virulente; les littérateurs
y sont flétris, les réputations littéraires les
mieux établies y sont vouées au sarcasme
et au ridicule. C'est une boucherie perma-
nente, et voilà ce qu'on appelle de l'esprit !
Quel étrange aveuglement ! parce qu'un
homme est méchant, il a de l'esprit ! mais
est-il rien de plus aisé que l'esprit méchant?!!! Il est vrai que si l'esprit appar-
tient au génie destructeur, on peut assurer
avec raison, que celui dont nous par-
lons mérite sa célébrité, surtout si l'esprit consiste à faire le mal , à dire du mal
et à ternir la gloire de tous les écrivains qui
se présentent dans la lice , et qui, pour prix

de leurs efforts, ne reçoivent que découra-
ment, humiliations et dégoûts. Faut-il
qu'un esprit pareil se soit arrogé la dicta-
ture suprême de la république des lettres !
Ce n'est pas, dit-on, *ce qu'il dit qui nous
amuse, c'est la manière piquante dont il
dit;* fort bien; ainsi vous aimez à folâtrer
autour d'une corbeille printannière qui,
sous l'émail des fleurs dont la surface est
ornée, cache toutes sortes de reptiles veni-
meux! Mais entr'ouvrez d'une main assurée
quelque coin de cette surface fleurie, et
allez jusqu'au fond. Qu'y trouvez-vous? un
esprit infernal,

Qui, pour empoisonner ses flèches littéraires,
Comme une autre Alecto, se nourrit de vipères.

Et c'est pendant cet affreux repas qu'il
lance ses traits enflamés contre les ouvrages de nos plus grands auteurs dont
la mémoire n'existerait déjà plus si le
bronze, *sur lequel ils ont jeté,* ne leur
servait de rempart. Lisez sa honteuse dis-
sertation sur la Phèdre de Racine. Ecou-
tez-le vomir les blasphêmes les plus
révoltans contre les plus estimables pro-
ductions de nos jours. Que de paradoxes!

que de contradictions ! avec quelle sombre ivresse il sème la discorde parmi les gens de lettres ! et si la littérature et les arts se soutiennent encore, on ne le doit qu'à la noble ardeur de nos écrivains, qui ont le courage de se soustraire à son joug et de braver ses *croassemens*. Malheur à celui qui se laisse influencer et guider par un tel maître ! il se trouvera comme dans un obscur souterrain ; le pâle flambeau de l'incertitude dirigera ses pas ; ses idées errantes se croiseront sans pouvoir se fixer ; quelques éclairs paraîtront venir un moment à son secours, pour ne lui laisser ensuite que la plus profonde obscurité ; il verra demain le contraire de ce qu'il a cru voir aujourd'hui, et il marchera dans un labyrinthe dont il ne pourra jamais saisir le fil...

Jeunes gens, lisez le feuilleton, puisque c'est un mal qu'on ne peut empêcher ; avalez la coupe, puisque le fiel et la satire ont des charmes pour vous ; mais songez que c'est la *ciguë littéraire* que vous buvez à longs traits, et que son poison subtil et corrosif détruira le peu de connaissances que vous pouvez avoir acquises. Lisez-le

donc avec prudence, et n'y portez d'autre
intention que celle de l'homme sensé qui,
trouvant un roman sous sa main, l'effleure
avec indifférence, le quitte, et n'y pense
plus. Dès-lors il ne sera plus dangéreux
pour vous.

Recevez, Messieurs, l'assurance de, etc.

M. A.

Ermite du Marais.